Thomas Jacob

Beerdigungsratgeber

Praktische Verhaltensregeln bei Todesfällen und Trauerfeiern

Mit Textvorlagen für Trauerkarten

QVIS EVADET?

ISBN-13: 978-1508845676

Beerdigungsratgeber
Praktische Verhaltensregeln bei Todesfällen und Trauerfeiern
Mit Textvorlagen für Trauerkarten

1. Auflage, 2015

Bild Seite 1: QUIS EVADET – Wer kann entrinnen?
Kupferstich von Hendrik Goltzius, 1594

Thomas Jacob,
Autor und Partner in der
Hans-Jürgen Jacob & Partner PartG, Freie Journalisten
Schlegelweg 13d, 01796 Pirna
Druck im Eigenverlag
Pirna, ©2015

www.derkleinegarten.de

Inhaltsverzeichnis

Ein Todesfall: – Was ist als Erstes zu tun?

Wenn ein Mensch von uns geht, müssen inmitten der Trauer viele Dinge bedacht und oft unvorbereitet Entscheidungen getroffen werden. Die folgenden kurzen Kapitel sollen Hilfe für die Orientierung in diesen schwierigen Situationen sein.

Einen Arzt bestellen

Zuerst muss ein Arzt den Tod feststellen. Wenn Sie der zuständige Angehörige sind, oder umständehalber dazu gefordert, dann rufen Sie entweder den Hausarzt an oder den Notdienst über die 112. Beim Notdienst ist klar zu kommunizieren, dass es sich offensichtlich um einen Verstorbenen handelt. Man verwechsle dies nicht mit dem ärztlichen Notruf beim Rettungsdienst. Sind die Umstände des Todes irgendwie unklar, so sollte zuerst die Polizei gerufen werden, welche in ihrer Verantwortung einen Mediziner anfordert. Auch die Polizei erreichen Sie über die 112. Der Arzt, der den Tod feststellt, füllt das erste Formular aus – Es ist der Totenschein. Dieser wird für das örtliche Standesamt gebraucht und zwar zur Ausstellung der Sterbeurkunde in mehreren Ausfertigungen. Diese Dokumente werden wiederum für weitere Behördengänge benötigt. Die Anzeige des Sterbefalles beim Standesamt übernimmt auch, wenn es gewünscht wird, der Bestatter. Ist Zeit im Verzug, dann bestellen Sie zunächst eine Bestattungsfirma für die Überführung des Toten in die Leichenhalle. Es sei aber erwähnt, dass es nicht zwingend ist, denselben Unternehmer später für die weiteren Aufgaben der Erd- oder Feuerbestattung zu beauftragen. Allerdings wird es in den meisten Fällen aus praktischen Gründen so gehandhabt. So kann durchaus der Fall eintreten, dass man selber nicht der Bestattungspflichtige ist, aber in Ersatzvornahme (d.h. anstelle des eigentlich dazu Verpflichteten) Entscheidungen treffen muss. Auch Krankenhäuser sind oft gezwungen, so zu handeln und eine Bestattungsfirma in Ersatzvornahme einzuschalten, doch bestelle man, wie erwähnt, zunächst nur die Überführung in die Leichenhalle.

Eine Familie ist nicht gezwungen, bei einem Todesfall den Leichnam sofort in eine Leichenhalle überführen zu lassen. Man kann durchaus, den alten Traditionen folgend, den Verstorben zunächst daheim für kurze Zeit betten und die nächsten Angehörigen zum Abschiednehmen in das Haus bitten. In alten Zeiten hielt man unter diesen Umständen die Uhren im Haus an, verhüllte die Spiegel, entzündete Kerzen und öffnete das Fester im Zimmer einen Spaltbreit, wohl, um die Seele des Toten in den Himmel aufsteigen zu lassen.

Angehörige benachrichtigen

Ist vor dem Gang zum Bestatter oder Standesamt noch etwas Zeit, dann stellen Sie eine Liste all der Angehörigen, Freunde und Bekannten zusammen, die sofort informiert werden sollten. Allerdings bleibt für die nötigen Anrufe vorerst kaum Zeit. Deshalb werden zunächst nur die wichtigsten Menschen benachrichtigt. Sie können aber einen Freund oder Verwandten bitten, für Sie die weiteren Telefonate zu übernehmen.

Unterlagen sicherstellen

Nach einem Todesfall ist von den zuständigen Angehörigen zunächst zu prüfen, ob es letztwillige Verfügungen des Verstorbenen (etwa zur Bestattungsart) gibt. Persönliche Verfügungen sollten, wenn möglich, respektiert werden. Nach meinen Recherchen sind sie für den Bestattungspflichtgen in erster Linie moralisch bindend.

Auch sollten Wertsachen, Papiere und wichtige Unterlagen gesichert werden. Dazu gehören u.a. Ausweis, Testament, Versicherungs- und Bankunterlagen, Telefonverträge, Abonnements von Zeitungen und anderen Medien, Kaufverträge ect. Es ist angebracht, hierzu ein oder zwei vertrauenswürdige Personen als Zeugen hinzuzuziehen.

Wer ist Bestattungspflichtiger?

Die Frage, wer für die Bestattung und die dabei entstehenden Kosten zuständig ist, beschreibt auf Landesebene das Bestattungsgesetz. In der Regel haben die Angehörigen des Verstorbenen in folgender Reihenfolge die Pflicht für die Totenfürsorge:

- Ehepartner oder eingetragener Lebenspartner
- Kinder
- Eltern
- Geschwister
- Partner, nichteheliche Lebensgemeinschaft
- Vormund
- Großeltern
- Enkelkinder
- sonstige Verwandte bis zum 3. Verwandtschaftsgrad

Wichtig zu wissen ist, dass zwar mehrere Angehörige für die Bestattung und die spätere Grabpflege verantwortlich sein können, doch mit der Grablegung und dem Lösen der Grabstelle auf dem Friedhof wird nur eine einzelne Person aus dem Kreise der Verantwortlichen betraut. Dieser Angehörige bestimmt dann allein den Ablauf der Trauerfeier, die Grablegung, Grab- und Grabmalgestaltung und Pflege. Er kann sich zwar mit den anderen Angehörigen beraten, muss dies aber nicht, denn er allein ist letztendlich für alle getroffenen Entscheidungen verantwortlich.

Finanzielle Notlagen

Ist der Bestattungspflichtige nachweislich finanziell nicht in der Lage das Begräbnis zu bezahlen, so muss die Kommune diese Kosten übernehmen. Diese hat die Pflicht, die Kosten einer ortsüblichen Bestattung zu tragen. Das sind alle notwendigen Auslagen beim Bestatter, die Aufwendungen der Trauerfeier und des Friedhofs (Grablegung, Grablösung, Grabanlage, eventuell sogar ein einfaches Grabmal). Nicht zwingend darin enthalten sind die Kosten für die moderaten jährlichen Friedhofsunterhaltungsgebühren und die Grabpflege. Letztere kann oftmals von den bestattungspflichtigen Angehörigen selber versehen werden. Diese Regelung wird oft missverstanden. Nicht selten beobachtet man, dass die Behörden bei „Sozialfällen" den Toten einäschern und die Urne auf einer preiswerten Gemeinschaftsstelle beisetzen lassen. Dort zahlt man mit der Beisetzungsgebühr zugleich einen Anteil an den Pflegekosten und der Friedhofsunterhaltung, was nach meinen Recherchen nichts mit einer „ortsüblichen Bestattung" zu tun hat. Die Aschebeisetzung eines Verstorbenen in eine Gemeinschaftsstelle wäre auch nur dann ortsüblich, wenn der Friedhof mit über 50 % sogenannter Urnengemeinschaftsanlagen belegt wäre. Somit steht auch einem mittellosen Angehörigen ein einfaches Normalgrab für seinen Verstorbenen zu.

Gibt es bei solch einem Fall Differenzen mit dem Amt, so scheue man sich nicht, einen Rechtsanwalt hinzuzuziehen, dessen Unkosten auch über eine Verfahrenskostenhilfe beglichen werden können. Es mag zwar unschön sein, bei diesen letzten Dingen bestimmte Rechte einfordern zu müssen, doch ist dies auch ein Beitrag für das Gemeinwohl. Kultur und Bestattungskultur sind ein hohes Gut. Die Billigentsorgung von Verstorbenen ist eine nicht entschuldbare Unart.

Bestatter und Friedhof

Hat man alle wichtigen Papiere des Verstorbenen bei der Hand (im Notfall geht es auch ohne), folgt gewöhnlich der Weg zum Bestatter. Dieser benötigt (in Deutschland) folgende Unterlagen: Totenschein, Familienbuch, Rentennummer (Rentenbescheid), Personalausweis, Krankenversicherungskarte und die Anschriften der Kinder. Angehörige von Verwitweten benötigen außerdem die Sterbeurkunde des zuerst verstorbenen Partners. Sind Unterlagen nicht vorhanden, können diese natürlich nachgereicht werden. Wichtig ist der zügige Gang zum Bestatter und auch zum Friedhof, da dort rechtzeitig mögliche Termine abgestimmt werden müssen. Bei diesen Abstimmungen bezüglich des Bestattungstermins sind auch Absprachen mit der Friedhofsverwaltung nötig, mit dem Geistlichen (oder Redner) und mit demjenigen, der die Sargträger stellt – das muss nicht immer die Bestattungsfirma sein, denn auf dem Dorf kann dieser Dienst, je nach Brauchtum, auch von der Feuerwehr, vom Schützenverein oder von ehrenamtlich Tätigen übernommen werden.

Ist der Termin für die Bestattung festgelegt, so ist es sinnvoll, Freunde und Bekannte schriftlich zu informieren. Derartige Anzeigen kann man drucken lassen. Prüfen Sie vorher aber alle Angaben zu Ort und Zeit der Beerdigung und ob es eventuell Verwechslungsmöglichkeiten (bei mehreren Friedhöfen in ein und dem selben Ort) gibt. Eventuell übernimmt solch eine Dienstleistung auch der Bestatter oder ein Freund. – Je nach Brauchtum oder Notwendigkeit sollte über einen kleinen Imbiss für die näheren Angehörigen (oder die ganze Beerdigungsgesellschaft) nachgedacht werden, der im Anschluss an die Trauerfeierlichkeit stattfindet. Das ist in einer Gaststätte möglich, oder man mietet eine Räumlichkeit mit Catering. Die Erfahrung zeigt, dass solch ein Essen (früher Totenschmaus genannt) nach der nervlichen Anspannung des Tages für alle Beteiligten sehr erleichternd sein kann. Zusätzlich bleibt hier noch die Zeit für Erinnerungen und ungezwungene, tröstende Worte oder um einen Dank auszusprechen.

Die Todesanzeige

Es ist üblich, die Öffentlichkeit vom Tod eines Menschen zu informieren. Bei kirchlichen Bestattungen werden Todesfälle vielerorts im Schaukasten des Pfarramtes oder Friedhofs bekanntgegeben. Außerdem besteht die Möglichkeit, eine Todesanzeige in der örtlichen Tagespresse aufzugeben. Darin wird oft nicht nur vom Ableben des Angehörigen sondern auch über Ort und Zeit des Begräbnisses informiert.

Zunächst gebe ich den Rat, für die Bestellung der Traueranzeige die Dienstleitung des Bestatters in Anspruch zu nehmen, der sich um diese Dinge kümmert und der Sie sicher gut berät. Was die Gestaltung der Zeitungsannonce betrifft, so rate ich zu klaren und nüchternen Formulierungen nach dem Grundsatz: „Weniger ist mehr". Vor allem sei gut überlegt, ob auf ein Ziersymbol zurückgegriffen werden soll. Oft häufen sich deren identische Abbildungen in der Zeitung und das im Bezug zum Text selten mit guten Proportionen. Außerdem sollte man wissen, dass Sinnzeichen, und besonders die christlichen Symbole, nicht als Randzierrat erscheinen, sondern im Mindesten optisch gleichwertig zum Namen des Toten stehen sollten. Mitunter lässt ein kurzes Dichter- oder Bibelwort die Trauerannonce individueller wirken als ein dürres, unproportioniertes Kreuz oder Rosengewächs. – Für Todesanzeigen, die als Karte verschickt werden sollen, wähle man ein schönes, tröstendes Bildmotiv. Da wegen der zügigen Versendung nicht immer sofort ausgefeilte Formulierungen gefunden werden, gebe ich Ihnen den Rat: schreiben Sie informierend, klar und nüchtern. Für die schriftliche Danksagung nach dem Begräbnis, die im Brief versandt oder in der Zeitung veröffentlicht wird, ist mehr Zeit, um einen stilvollen Text zu finden. Wer nicht gut formulieren kann, der lasse auch hier ein schönes Bildmotiv sprechen oder informiere sich im Kapitel „Textvorlagen für Trauerkarten".

Auswahl der Grabstätte

Auf dem Friedhof muss die Entscheidung für eine geeignete Grabstelle getroffen werden. Für ältere Menschen ist es oft wichtig, dass das Grab nah am Eingang liegt und dass Wasser, Abfallbehältnisse und vielleicht auch eine Bank mit wenigen Schritten zu erreichen sind. So ist z.B. auch zu bedenken, dass eine im Winter ausgesuchte romantische Grabstelle in der Nähe eins großen Baumes im Sommer tief überschattet, düster und trocken sein kann. Man hat über die Neuwahl oder Verlängerung einer Ruhestätte mit gesetzlicher Ruhefrist (meist von 20 Jahren) zu entscheiden und übernimmt damit das Nutzungsrecht an dieser Ruhestätte. – Es können Grabstätten verschiedener Art für Erdbestattungen erworben werden. Das sind die sogenannte Reihengräber (Einzelgräber), deren Platz von der Friedhofsverwaltung bestimmt wird. Reihengräber werden immer nur für einen Verstorbenen vergeben und unwiderruflich nach der gesetzlichen Ruhefrist eingeebnet. Daneben bieten die Friedhöfe auch sogenannte Wahlgräber (Lösestellen) an, bei denen man die Möglichkeit der Lageauswahl hat und die nach Ablauf der

Ruhefrist weitergelöst werden können. Für Urnen sind spezielle Grabstellen zu erwerben. Auch bei den Urnenstellen gibt es Reihen- und Wahlgrabstellen sowie Gemeinschaftsanlagen. Alternativ kann man die Asche auch in einer vorhandenen Erdgrabstelle beisetzen. Lassen Sie sich diesbezüglich ausführlich von der Friedhofsverwaltung beraten. Nicht selten kann die Urnenbeisetzung in ein individuelles, einfaches, kleines Efeugrab ohne Grabstein und mit einem Dauergrabpflegevertrag kostengünstiger sein als die Aschebeisetzung in eine Gemeinschaftsgrabanlage.

Bei der Auswahl der Grabstätte ist bereits im Vorfeld zu bedenken, ob und in welcher Form später dort ein Grabmal aufgestellt werden soll. Für die Gestaltung der Grabstelle und des Grabmales gelten die Bestimmungen der örtlichen Friedhofsordnung. Diese ist wichtig, um die Schönheit und Würde des Ortes zu bewahren. Jeder Friedhofsbesucher wünscht sich einen Ort der Stille, und so sollten auch einzelne Gestaltungselemente eine gewisse optische Ruhe ausstrahlen.

Für Grabmale gelten in besonderer Weise Bestimmungen, die auf dem Friedhof zu erfragen bzw. in der Friedhofsordnung nachzulesen sind. Auf Friedhöfen mit Monopolcharakter gibt es Grabfelder mit und ohne besondere Gestaltungsrichtlinien. Wer seinem Individualismus freien Raum geben möchte, der wähle von vornherein einen Friedhof aus, wo eine freiere Gestaltung möglich ist. Allerdings sollte man bedenken, dass der Friedhof nicht derjenige Ort sein sollte, wo sich Hinterbliebene ein Denkmal setzen, sondern wo in vornehmer Schlichtheit des Toten gedacht werden soll. – Jeder Friedhof hat eine Liste geprüfter und zugelassener Steinbildhauer. Diesen sind die Bestimmungen des Friedhofs bekannt. Jedes Grabmal bedarf einer Genehmigung. Auch hier sei die vorherige kurze Beratung durch die Friedhofsverwaltung empfohlen. zum Schluss möchte ich darauf hinweisen, dass mit der Lösung einer Grabstelle niemand verpflichtet ist, dort ein Grabmal aufstellen zu müssen. Es ist ein häufiger Irrtum, zu glauben, man habe die Pflicht dazu. Allein die Bepflanzung, eine Rose, ein einfaches Holzgrabmal oder ein liegender Stein kann zur Grabkennzeichnung genügen. Hüten Sie sich bei diesen Dingen vor allen Extravaganzen und lassen Sie lieber Schlichtheit und Zurückhaltung walten. Wer keine Kosten scheuen will, der entscheide sich für den im Handwerk erfahrenen Holz- oder Steinbildhauer und nicht für den Verkäufer industriell gefertigter, aufpolierter Steine.

Nochmalige Terminabsprachen

Die Festlegung des Beerdigungstermins geschieht mitunter nicht sofort und ist nicht immer einfach. Bei diesen Abstimmungen sind neben den Absprachen mit den Verwandten auch die Kontakte mit drei wichtigen Dienstleistern nötig:

1. mit dem Friedhof
2. mit dem Geistlichen (oder Redner)
3. mit dem Bestatter.

Bei den terminlichen Absprachen für die Beerdigung oder die Trauerfeier am Sarg (Feier vor der stattfindenden Einäscherung) ist neben Fragen der Benutzung der Friedhofskapelle mitunter auch die Nutzung der Leichen- bzw. Aufbahrungshalle zu klären.

Terminabsprachen bezüglich der Feuerbestattung sind zu tätigen. Mitunter wünschen die Angehörigen auch Beisetzungen in aller Stille ohne eine Trauerfeier. Sogenannte stille Urnenbeisetzungen sind in folgender Form üblich:

a) nach vorangegangener Trauerfeier am Sarg
b) in stillem Gedenken (ohne Ansprache), nur mit Musik in der Feierhalle
c) ganz in der Stille, ohne jegliche Gedenkfeier

Musikalische Darbietungen

Besondere musikalische Darbietungen werden manchmal von der Kirchgemeinde, beispielsweise durch den Kirchen- oder Posaunenchor, angeboten. Bei kirchlichen Feiern ist die Orgelmusik zusammen mit dem Pfarrer ein Dienst der Gemeinde. Dort erhalten Sie auch eine gute Beratung, was die Auswahl der Lieder betrifft. In andern Fällen werden Musiker beim Bestattungsinstitut oder direkt bei einer Agentur (Feierservice oder Feierdienst vor Ort) bestellt.

Oft werden Musikstücke auch auf einer Musikanlage abgespielt. So etwas sollten Sie nicht in eigener Regie übernehmen, sondern vom Leiter der Trauerandacht organisieren lassen. Wenn Freunde oder Bekannte Instrumentalstücke spielen oder einen Chorsatz singen wollen, ist das zu begrüßen. Dieses sollte aber immer mit dem Leiter der Trauerandacht abgesprochen sein. Mitunter sind derartige Darbietungen am offenen Grab passender als in der Kapelle.

Welche Musikstücke allgemein für Trauerandachten geeignet sind, das ist heutzutage nicht genau festgelegt. Neben der Wahl moderner Titel begeht man keinen Fehler, sich für den klassischen musikalischen Rahmen zu entscheiden. Die folgenden sechs Titel sollten als Beispiel für Letzteren genügen.

- Ave Maria, J.S. Bach
- Konzert d-Moll (Air), J.S. Bach
- Ave Verum, W.A. Mozart
- Largo (Oper Xerxes), G.F. Händel
- Die vier Jahreszeiten (Winter), A.L. Vivaldi
- Canon in D-Dur, J. Pachelbel

Das erste Stück hat einen sehr getragenen religiösen Charakter. Die beiden Letzten sind eher erfrischend, was bei einer Trauerfeier durchaus gewünscht sein kann. Spielt man moderne Titel auf einer Anlage ab, so wähle man möglichst nur Instrumentalstücke, da diese eine feierlichere Stimmung schaffen, als der gewöhnliche „Hitlisten-Song". Die Ausnahme ist natürlich der Solist mit Live-Gesang.

Blumenschmuck

Oft kümmert sich der Bestatter um Kränze und Blumenschmuck für die Trauerfeier, doch Sie können diesen auch selbst anfertigen oder bei einem Gärtner bestellen. Üblich sind Kränze, Gestecke und Sträuße mit bedruckten oder schwarzen Schleifen. Neben diesen oft großen, schön gestalteten floristischen Arbeiten rate ich zu eher kleinen, unauffälligen Handsträußen für die Angehörigen. Mein genereller Tipp ist hier für den Trauergast: Ob Beerdigung oder Urnenbeisetzung, ein kleiner Handstrauß (es kann auch eine einzelne Blume aus dem Garten oder ein kleiner Wiesenblumenstrauß sein) ist immer zu empfehlen, auch wenn man nicht zum engsten Familien- und Freundeskreis gehört. Es wirkt beruhigend, wenn man bei der Beerdigung etwas in den Händen hält. Und so legt man die Blumen auch nicht vor dem Ende der Feier ab, sondern erst ganz zum Schluss am Grab. Kränze werden in der Regel schon vor der Feier vom Friedhofspersonal abgenommen und drapiert. Sie sollten darauf achten, dass der Auftragnehmer den genauen Zeitpunkt der Feier erfährt, um den Blumenschmuck rechtzeitig anliefern zu können. Oft liest man in Sterbeannoncen, dass von Blumenspenden abgesehen werden soll. Nach meinen Erfahrungen ist es aber ein uraltes Grundbedürfnis des Menschen, auf diese Weise dem Verstorbenen den allerletzten Gruß und Dienst zu erweisen. Die Blumen helfen, Gefühle zu kanalisieren. Wer will, der kann, was Blumenspenden betrifft, gern Maßhalten. Ganz darauf verzichten sollte man nicht! Nach einer Beerdigung ist es schon tröstlicher, wenn der Grabhügel mit Grün und Blumen bedeckt ist. Bei Beisetzungen in kleine Urnenstellen allerdings sollte auf ein Übermaß an Blumen verzichtet werden. Ob ein Blumengesteck auf dem Sarg befestigt werden sollte, ist Ansichtssache. Ist die Totenlade mit einem Kreuz oder gar einem Kruzifix versehen, wäre es der Logik nach richtiger, dass christliche Symbol nicht zu überdecken. Dem Gefühl folgend wird man sich aber meistens Blumen wünschen, doch warum nicht in Form eines kunstvoll gebundenen Straußes, der den gleichen Zweck erfüllt wie ein großes Gesteck und das Kreuz nicht verdeckt?

Kosten auf dem Friedhof

Über die Kosten der Trauerfeier und die Lösung der Grabstelle erhalten Sie die Rechnung von der Friedhofsverwaltung, auf Wunsch bekommen Sie auch einen Kostenvoranschlag. Die Dienste des Pfarrers und des Organisten/Kantors sind üblicherweise kostenlos, da sie einen gemeindlichen Dienst darstellen.

Zunehmend werden die Friedhofsverwaltungen angefragt, ob man nicht im Voraus alle Dinge für den Fall des eigenen Ablebens regeln kann. Diese Möglichkeit besteht. In einem Gespräch werden sämtliche Wünsche für die Form der Trauerfeier, Grablösung und Grabpflege aufgenommen und nach den gültigen Gebühren und Kosten kalkuliert. Diese Kosten werden danach in einem rechtsgültigen Vertrag paraphiert. Nach Unterzeichnung und Einzahlung ist alles geregelt.

Die Erdbestattung

Wer die Bestattung eines Angehörigen organisieren muss, der steht am Anfang oft vor der Wahl der Bestattungsart. Alte Tradition hat in Deutschland die Erdbestattung. Für die Trauerbewältigung ist diese Form der menschlichen Bestattung wohl am besten geeignet. Unsere Begräbnisrituale sind so aufgebaut, dass von der Stunde des Todes – mit Aufbahrung, Abschiednahme, (katholische Totenmesse, Requiem), Aussegnung (Entlassung des Toten aus der Welt der Lebenden), Gang im Leichenzug zur Friedhofskapelle, Gang zum Grab, Grablegung, Verfüllen des Grabes, Anlage des Grabhügels, Bestand des Grabes über die vielen Jahre der Ruhezeit – der Mensch einen Wandel erfährt. Es ist der allmähliche Wandel zurück zur Mutter Erde. Es ist für die Angehörigen gleichzeitig ein allmählicher Wandel von der Trauer hin zu dankbarer Erinnerung.

Nicht selten werden Kostengründe für den Verzicht auf die Erdbestattung genannt und dagegen eine Feuerbestattung gewählt. Doch dass bei einer Einäscherung tatsächlich gespart werden könnte, ist nicht immer der Fall, denn es fallen dort zusätzliche Kosten für Urne und Transporte an. Für die Unterhaltung eines möglichst pflegevereinfachten Grabes ist es unerheblich, ob dann bei einem Erdgrab ein Quadratmeter mehr Fläche gegossen und gejätet werden muss als bei einer Urnenstelle.

Die Feuerbestattung

Wird eine Einäscherung gewünscht, stellt sich die Frage, ob eine Beisetzungsfeier nach der Verbrennung stattfinden, oder ob man die Feierstunde vorher am Sarg des Verstorbenen halten soll. Im letzteren Falle findet dann die Beisetzung der Asche zu einem späteren Zeitpunkt meist in aller Stille und nur mit den engsten Angehörigen statt.

Beide Möglichkeiten haben Vor- und Nachteile. Die Abschiedsfeier am Sarg ist persönlicher, denn man hat so noch den Sarg mit dem Verstorbenen vor Augen. Zudem findet diese „Feier am Sarg" sehr kurz nach dem Tod des Angehörigen statt. Seltsamerweise verkraften die engsten Angehörigen solch eine Abschiedsstunde in der sehr frühen Trauerphase viel besser als Wochen später, wenn man sich zum Gedenken an der Urne wiederfindet. Allerdings wird es oft als seltsam empfunden, wenn man nach der Gedenkfeier den Verstorbenen irgendwie unbegraben zurücklassen muss.

Die andere Möglichkeit ist die sogenannte Urnenbeisetzungsfeier. Wird diese gewünscht, so sollten Sie darauf drängen, dass sie vom Bestatter möglichst zeitnah organisiert wird. Denn die Zeit vom Tode bis zur Grablegung ist für die nahen Verwandten eine unruhige Zeit und sollte nicht aus irgendwelchen praktischen Gründen zu weit in die Zukunft gelegt werden. Auch auf sämtliche Wünsche von Bekannten und Verwandten bezüglich des Zeitpunktes der Feier sollten Sie keine Rücksicht nehmen. Wem das Abschiednehmen vom Verstorbenen wichtig ist, der richtet es auch zeitlich ein, dabei zu sein. Bei Urnenbeisetzungsfeiern sollte man mit üppigen Blumenspenden zurückhaltend sein, da die Urne oft in einer relativ kleinen Grabstelle beigesetzt wird. Eine Alternative wäre es, das Grab zum Geburtstag oder zum Todestag mit einem Strauß zu schmücken. Immer öfter beobachte ich den Brauch, dass ein Bildnis des Verstorbenen zur Gedenkfeier an der Urne aufgestellt wird. Wird dies nicht bis zum Ende durchdacht, so entstehen oft schwierige Situationen, wenn der Friedhofsmitarbeiter die Urne aufnimmt und herausträgt. Da bleibt nicht selten das Bild samt restlicher Blumenkrümel einsam auf dem Katafalk zurück. Wenn unbedingt ein Foto an der Urne stehen soll, so bitten Sie einen der Anverwandten, dieses beim Herausgehen aus der Feierhalle in einem unauffälligen Stoffbeutel oder ähnlichem zu verwahren.

Begräbnisfeier und Beerdigungen

Der Ablauf einer Trauerfeier ist von Ort zu Ort immer etwas unterschiedlich, doch eigentlich nur mit geringen Abweichungen. Abgesehen vom religiösen Aspekt einer solchen Feierstunde kann man eine traditionelle Beerdigung auch als ein uraltes Ritual, bei dem der Tote aus der Welt der Lebenden entlassen wird, betrachten. Es hat sich gezeigt, dass dieses Brauchtum wichtig für die Überwindung der Trauer und somit auch „zu Ende erfunden" ist. Ich kann aus meiner langjähriger Erfahrung aus zahlreichen begleiteten Trauerzeremonien raten, den Ablauf einer solchen Begräbnisfeier nicht durch gutgemeinte, zusätzliche Ausschmückungen jeglicher Art zu überfrachten, deren Ablauf zu ändern oder unnötig in die Länge zu ziehen. Jede Bestattungsfeier, die in der Feierhalle länger als eine halbe Stunde und mit Grablegung länger als 50 Minuten dauert, ist meistens eine psychische Zumutung für die engsten Angehörigen. Mein Rat ist, in all diesen Dingen sowohl eine vornehme Schlichtheit als auch Nüchternheit walten zu lassen.

Der Ablauf

Meist beginnt ein Begräbnis bzw. eine Bestattungsfeier eine halbe Stunde vor dem offiziellen Termin der Trauerandacht mit der sogenannten Abschiednahme: Der Sarg steht geöffnet oder geschlossen zunächst im Aufbahrungsraum, der sich manchmal separat von der Feierhalle befindet. Je nach Brauch kann dies eine viertel oder halbe Stunde vor dem Beginn der Trauerfeier sein. Hier sollte man den nächsten Angehörigen unbedingte Ruhe gewähren und ihnen diese letzten Minuten des Zusammenseins nicht durch eine gutgemeinte Begrüßung rauben. Kränze und größere Blumengestecke werden in der Regel vom Dienstleistungspersonal entgegengenommen. Mitunter hat man ein bis drei Posaunenbläser angefordert, die vor der Kapelle Musikstücke spielen.

Die Aussegnung: Bei kirchlichen Feiern kommt etwa fünf Minuten vor Beginn der Pfarrer, spricht den Segen über dem Toten und begibt sich dann mit der Trauergesellschaft in die Kapelle. Begleitet wird der Zug von Glockengeläut. (Das Läuten der Glocken zeigt Beginn und Ende eines Gottesdienstes an.) Bei weltlichen Beerdigungen ist dezente Posaunenmusik zur Begleitung des Zuges die richtige Wahl, doch auch Stille kann den Fortgang der Feier begleiten. Wenn keine separate Leichenhalle vorhanden ist, dann kann es sein, dass der Sarg schon in der Feierhalle steht. Dann fällt der Leichenzug weg. Ähnlich verhält es sich natürlich auch bei Andachten bei Urnenbeisetzungen. In diesem Falle lässt man zuerst nahe Angehörige Platz nehmen und setzt sich etwas später still im Raum dazu. Siehe hierzu das Kapitel „Eintreffen auf dem Friedhof".

Die Feier: Wenn der Trauerzug in der Kapelle ankommt, ist es ein Zeichen der Ehrerbietung, dass sich die bereits anwesenden Gäste erheben. Es folgt der Gottesdienst bzw. die Trauerfeier mit Ansprache und musikalischen Darbietungen. Im Interesse der Leidtragenden nahen Angehörigen sollte diese Andacht nie länger als eine halbe Stunde dauern. Mitunter werden Blumen und Kränze schon während der Feier (wenn sie nicht in der Kapelle liegen) vom Friedhofspersonal ans offene Grab gebracht und dort drapiert.

Trauerzug zum Grab: Es folgen der Gang zum Grab und die Grablegung, bei kirchlichen Feiern nochmals ein Gebet und der Segen. Mitunter wird von dem einen oder anderen Freund oder Wegbegleiter ein Nachruf gehalten. Dieser sollte jedoch nicht zu ausschweifend gestaltet werden. Die nahen Angehörigen treten an das offene Grab, streuen Blumen, sollen hier nochmals in Ruhe innehalten und stellen sich danach neben dem Grab an geeigneter Stelle so auf, dass ihnen die nachfolgenden Trauergäste kondolieren können.

Die weiteren Trauergäste sollten nun zügig der Reihe nach (in einer Reihe stehend) an das Grab treten, mit den Fingerspitzen einige Blumen oder Grünzeug aus dem Blumenstreukörbchen nehmen, diese ins Grab werfen, wenige Sekunden kurz innehalten, sich bekreuzigen (wenn religiös) und ohne weitere pathetische Gesten vom Grabe wegtreten. Nun wenden sie sich den wartenden Angehörigen zu, geben ihnen die Hand und sprechen ihr Beileid aus. Hier sollte man nicht viele Worte machen. Ein „Mein herzliches Beileid" oder „Ich wünsche Ihnen viel Kraft" genügt. Man hüte sich, irgendwelche unbedachten Worte zu äußern. Auch ein stiller, fester Händedruck ist angemessen. Dazu kann man mit der anderen Hand den Ellbogen des Leidtragenden berühren und so körperliche Nähe signalisieren.

Die Kleidung

Heutzutage ist eine spezielle Trauerkleidung nicht mehr üblich. Trotzdem ist eine dunkle, gedeckte Kleidung angeraten, besonders wenn man zum engeren Kreis der Leidtragenden zählt. Herren sind mit einem schwarzen Anzug immer richtig gekleidet, dazu ein weißes Hemd und eine schwarze Krawatte. Keinesfalls sollte man eine Fliege tragen. Sie ist heiteren Anlässen vorbehalten. Ist kein dunkler Anzug vorhanden, eignen sich auch eine dunkle Hose und ein dunkles Hemd ohne auffällige Muster.

Diese Prinzipien dunkler Kleidung gelten selbstverständlich auch für Frauen. Ihnen sei zusätzlich angeraten, keine Schuhe mit sehr spitzen Absätzen zu tragen, denn auf einem Friedhof müssen sie sich mitunter auf unbefestigtem Terrain bewegen. Nicht selten bleiben da schmale Absätze im Rasen oder im Fußabstreichergitter der Friedhofskapelle stecken.

Der Regenschirm und ein Hut sind ideale Ausstattungen bei Regen und Kälte. Die Herren sollten bedenken, dass es in unserem Kulturkreis üblich ist, in der Kirche den Hut abzunehmen (Ausnahmen gibt es mitunter bei Trachtenbekleidung, doch daran sollte sich der Gast nicht orientieren). Auch an der Bahre des Toten und am offenen Grabe wird der Hut als Zeichen der Ehrerbietung kurz abgenommen, bei Gebet und Segen des Geistlichen sowieso. Frauen behalten ihren Kopfschmuck jederzeit auf.

Bei Kälte und Regen kleide man sich entsprechend warm, denn nicht jeder Pfarrer hält sich an meine vorgeschlagenen, eher kurz kalkulierten Zeiten. In manchen Gegenden kann eine Beerdigung schon mal bis zu zwei Stunden dauern.

Eintreffen auf dem Friedhof

Eine Trauerfeier beginnt bereits fünfzehn bis dreißig Minuten vor dem offiziell bekanntgegebenen Termin und zwar mit der Abschiednahme der näheren Angehörigen von dem Toten. Diese sollten sich zu gegebener Zeit in der Halle einfinden, nahe am Sarg oder der Urne Platz nehmen und dort zur Ruhe kommen. Wer mehr außenstehender Gast ist, der störe in dieser Zeit die Angehörigen nicht. Im Idealfalle kommt man eine viertel Stunde vorher und geht gelassenen Schrittes über den Friedhof zur Feierhalle, vielleicht auch auf kleinem Umweg, um so etwas zur Ruhe zu kommen.

Dann warte man bis zum Beginn der Feier mit den anderen Trauergästen vor der Kapelle oder setze sich in der Feierhalle still auf eine Bank. Es ist immer etwas von der Situation abhängig, ob man beim Warten vor der Kapelle den anderen Gästen die Hand gibt und sie grüßt und anspricht. Eigentlich bringt das Unruhe, doch wird man alte Bekannte aus Höflichkeit ansprechen. Hier ist Taktgefühl gefragt. Laute Gespräche vermeide man tunlichst. Beim Eintritt in die Feierhalle sollte man kurz Blickkontakt zu den Angehörigen suchen, so nicken Sie ihnen zu, aber fixieren sie nicht minutenlang mit den Augen.

Empfehlenswert ist es, wenn man mit einem nur kleinen Handblumenstrauß zur Trauerfeier geht und die Blumen nicht aus der Hand gibt, bis man am Grab steht. Es ist oft Brauch, eine Geldspende zusammen mit der Trauerkarte in einem Umschlag mitzubringen. Dieser wird entweder vom bereitstehenden Bestattungspersonal entgegengenommen, oder man gibt den Umschlag nachher am Grab einem der Familienangehörigen in die Hand. Die erwähnte Geldspende sei aber auch kein Zwang.

Auch ohne diese wird man Ihnen für die Wegbegleitung an diesem schweren Tag danken, was heutzutage auch schon keine Selbstverständlichkeit mehr ist.

Bitte beachten Sie auch, dass auf dem gesamten Friedhofsgelände nicht geraucht werden sollte. Dieser Raum ist ein geweihter Ort.

Es soll hier noch der ungünstige Fall (für den mehr außenstehenden Trauergast) beschrieben werden, welcher eintritt, wenn der Gast vor dem Betreten das Friedhofes den Hauptleidtragenden quasi „in die Arme läuft". Es kommt mitunter vor, dass die nahen Angehörigen etwas knapp zur Begräbnisfeier kommen oder, aus welchen Gründen auch immer, vor dem Friedhof oder vor der Kapelle stehen bleiben. Sind sehr viele andere Trauergäste ringsum, so bleibe man besser auf Distanz und halte sich an meine Ratschläge: Warten Sie, bis die Hauptgäste in der Feierhalle Platz genommen haben und kondolieren Sie erst ganz am Ende der Beerdigung. Ist die Situation so, dass man auf die Angehörigen zugehen und sie grüßen muss, so sprechen Sie etwa in dieser Form: „Mein herzliches Beileid Herr/Frau …". Nach einem sehr kurzen Moment des Wartens, kann man noch wenige Worte wechseln, bei denen Sie so beginnen können: „Wissen Sie, wo wir in der Kapelle Platz nehmen müssen?". Gehen Sie anschließend wieder höflich auf Abstand.

Zu spät gekommen – Kein Problem

Man sollte versuchen, spätesten 10 Minuten vor Beginn der Trauerandacht da zu sein, doch auch bei einer Verspätung gibt es keinen Grund, hektisch zu reagieren. Begeben Sie sich zunächst zur Friedhofskapelle. Meist steht davor ein Mitarbeiter des Friedhofs oder des Bestattungsunternehmens, der Ihnen die richtigen Ratschläge gibt, was zu tun ist. Hat die Feierstunde gerade begonnen, so öffne man möglichst leise die oft knarrende Tür der Kapelle und setze sich still auf eine hintere Bank. Steht die Totenfeier kurz vor dem Ende, so stelle man sich an einen unauffälligen Platz draußen neben den Eingang der Kapelle, warte bis der Trauerzug heraus kommt und schließe sich dann unauffällig an. Dabei tue man so, als ob dies das Normalste der Welt sei und vergeude nicht die Zeit mit Entschuldigungen vor Bekannten oder nach der Beisetzung am Grabe. Man wird es schätzen, dass Sie trotz misslicher Umstände am offenen Grabe des Verstorbenen standen.

Ist man viel zu spät angekommen und die Trauergesellschaft hat den Friedhof schon verlassen, so lege man seine Blumen am Grabe nieder, verweile eine Minute, gehe des Weges und mache sich die Mühe, noch ein paar Zeilen per Post an das Trauerhaus zu schicken. Auch hier braucht es keiner besonderen Entschuldigungen, sondern berichten Sie, dass Sie eine Minute am Grabe verweilten und des Toten still gedachten. Dies wird man schätzen und sich noch später daran gern erinnern.

Der Gang zum Grab

Ist die Begräbnisfeier in der Kapelle zu Ende, erhebt man sich vom Platz, verharrt einen Moment und wartet, bis sich die engsten Angehörigen hinter dem Sarg oder der Urne in den Trauerzug eingereiht haben. Dann schließt man sich mit den übrigen Gästen an. Draußen können die Herren ihren Hut wieder aufsetzten (zum Thema siehe auch Kapitel „Die Kleidung"). Laute Gespräche sollten vermieden werden, was oft vergessen wird, doch sicherlich menschlich ist.

Am Grab wird nach dem Einsenken der sterblichen Überreste meist noch ein Wort vom Pfarrer oder Redner gesprochen. Bei Gebet und Segen nimmt der Herr den Hut ab und darf ihn danach wieder aufsetzen. Tritt er an das offene Grab heran, wird der Hut wiederum abgenommen, drei Sekunden verharrt, dann die Blumen (wenn vorhanden) niedergelegt, Blumen ins Grab gestreut, Hut wieder aufgesetzt, den nahen Angehörigen kondoliert und dann beiseite getreten. (Siehe auch Kapitel „Ablauf einer Beerdigung".) Nun entfernt man sich dezent vom Ort der Trauer und lässt die engeren Verwandten besser für ihren allerletzten Abschied allein und geht seiner Wege, es sei denn, man hat eine Einladung zum anschließenden Imbiss.

Wie formuliere ich ein Beileidsschreiben?

Es ist üblich und hilfreich, die tröstenden Worte für die Angehörigen auf einer Trauerkarte zu überreichen. Dabei müssen nicht unbedingt die typischen Trauerkarten Verwendung finden. Ein Naturmotiv oder eine schöne Karte mit Sinnspruch oder einem Bibelwort wirken meist freundlicher.

Üblicherweise kommt die Beileidskarte in einen Umschlag mit der Aufschrift: Trauerhaus (Familienname). Wenn der Brief nicht persönlich übergeben werden kann, dann nimmt vor der Beerdigung (oder Urnenbeisetzung) der Bestatter oder der Friedhofsmeister diesen entgegen. Wenn Sie nicht persönlich bei der Beerdigung anwesend sind, dann sollte der Brief die Hinterbliebenen möglichst zeitnah erreichen.

Für die Formulierung von Trauerkarten gilt grundsätzlich, dass Beispiele und Textvorlagen nur Anregung dafür sein können, eigene Gedanken zu formulieren. Doch ehe Sie sich mit außergewöhnlichen Formulierungen herumquälen oder einen ausgefallenen Text suchen, wählen Sie übliche und bekannte Worte. Auch ein Bibelvers oder ein kurzer Liedvers aus dem Gesangbuch sind passend. Der Psalm 23 „Der Herr ist mein Hirte" wird häufig verwendet. Er steht für Hoffnung und Trost und ist leicht verständlich. Ähnlich ist es ja mit allen Dingen, die sich um eine Beerdigung drehen. Gestalten Sie den Schmuck und auch die Feier besser traditionell und einfach. Greifen Sie auf Bewährtes zurück. In den letzten Jahren wurde schon oft versucht, unsere Bestattungskultur zu verändern. Aber unser Brauchtum und unsere Bestattungsrituale haben neben der ideellen Seite meist ganz praktische Gründe. Viele gutgemeinte Neuerungen und Verbesserungen sind oft nicht zu Ende gedacht und können Irritationen bereiten. Man kann einen Beileidsbrief beginnen, indem man sein Verhältnis zum Verstorbenen kurz beschreibt. Seien Sie aber ganz ehrlich in Ihren Formulierungen. Wenn Sie zu dem Toten keine sonderlich guten Beziehungen gepflegt haben, sollten Sie das in gewählten Worten auch so sagen. Übertreiben Sie aber nicht, weder in positiven noch in negativen Formulierungen.

Textvorlagen für Trauerkarten

Beispiele für den Beginn einer Trauerkarte:

• Die Nachricht vom Tod Deiner/es… hat uns sehr bewegt…

• Zum Heimgang Deiner/es lieben… versichern wir Dir unsere aufrichtige Anteilnahme.

• Wir gedenken der lieben Heimgegangenen…

• Zum schmerzlichen Verlust, der Euch getroffen hat …

• In stiller Trauer nehmen wir Anteil am Tode…

• Herzliches Beileid und tiefes Bedauern…

• Mit den tröstenden Worten von… (Dichter- oder Bibelwort)… möchten wir unser Gedenken an Deine/Deinen… ausdrücken…

• Verbunden mit tiefem Mitgefühl und in der Hoffnung der Auferstehung…

- Mit Betroffenheit haben ich vom Tode Deiner/es... gehört...

- Der Tod Deiner... hat uns schwer getroffen und erschüttert. Es ist schwer, für einen Trost Worte zu finden...

- Wir können es nicht fassen, dass wir unseren lieben Freund... nicht mehr wiedersehen...

- Wir werden... (stets) in dankbarer Erinnerung behalten.

- Aufrichtige Anteilnahme... zum Heimgang... versichern...

- Wir sprechen Dir unser aufrichtiges Mitgefühl aus.

- Zum schmerzlichen Verlust... mit dem Wunsch für Kraft und Zuversicht...

- Es ist schwer, einen lieben Menschen zu verlieren...

- Der Endgültigkeit des Abschiedes von... ist schwer.

- Unser Mitgefühl...

- Mit großer Betroffenheit haben wir vom Tod Ihrer...

- Mit diesen trostvollen Worten des Dichters (der Bibel) wollen wir Dir, lieber/liebe... unsere herzlichste Anteilnahme aussprechen...

- Zum Heimgang Eurer/es lieben... bringen wir Euch allen unser tiefstes Mitgefühl entgegen.

- Meine Gedanken waren in diesen Tagen bei Dir, wenn Du...

- Tief bewegt erfuhren wir die schmerzliche Nachricht vom Tod...

- Wir nehmen Teil am Leid anlässlich der schweren Heimsuchung...

- Unser herzliches Beileid zu dieser schweren Stunde... verbunden mit viel Kraft und Stärke bei der Überwindung Deines Schmerzes.

- Das Leben führt uns nicht am Leid vorbei, doch können wir uns gegenseitig helfen, die schweren Stunden zu tragen.

- Mit der Hoffnung auf ein Wiedersehen in der Ewigkeit unser tief empfundenes Beileid.

- Nun ist Dein/Deine... von seinem/ihrem Leiden, für die es offenbar keine Hilfe mehr gab, erlöst.

- Wir grüßen Euch mit einem stillen Händedruck zum Heimgang/Abschied...

- Wir nehmen Anteil an Eurer Trauer und... für die kommende Zeit wünschen wir Euch viel Kraft und neuen Lebensmut.

- Wir sind in Gedanken bei Dir und fühlen schmerzvoll mit.

- Mit großer Betroffenheit haben wir vom Tod Ihrer...

- Der Verlust eines Freundes schmerzt sehr, doch für Dich war...

- Unser Gott und Heiland möge Dir seine spürbare Hilfe schenken.

- Es fällt mir schwer, Worte des Trostes zu finden…

- Wir sind traurig, vom Tode Deines lieben/Deiner lieben… zu erfahren…

- Mit diesen Versen des Dichters/diesen Worten der Bibel… möchte ich Dir Trost zusprechen, denn ich selber finde keine Worte… (es folgt ein Gedicht oder Bibelvers)

- Du wirst die Lücke schmerzlich spüren, die Dein lieber/Deine liebe… hinterlässt…

- Soeben haben die Glocken der Kirche geläutet und mich wieder an den Heimgang Eurer lieben… erinnert.

Ähnlich kann irgendein Gegenstand der Erinnerung am Beginn des Textes stehen, oder auch ein Ort:

- Gestern war ich (hier ein bestimmter Ort)… wo ich mich mit… getroffen habe.

- Es ist schwer, von einem Lieben Abschied zu nehmen. Er/Sie ist uns vorausgegangen in die andere, ewige Heimat.

- Trost zu spenden ist schwer, aber ich möchte es versuchen mit den Worten der Bibel/des Dichters… (es folgt ein Gedicht oder Bibelvers)

Beispiele für Textpassagen bei zwischenmenschlichen Problemen

- Es ist mir schwer gefallen, Dir lieber…
  diese Zeilen zu schreiben

- Auch wenn ich mit Herrn/Frau… nicht eng befreundet war, so trauere ich mit Ihnen um…

- Auch wenn ich mit Herrn/Frau… im Leben menschliche Auseinandersetzungen hatte, so trauere ich mit Ihnen um…

- Sprachlos stehen wir am Ende eines Lebens…

Textvorschläge für Beileidsbriefe

- Liebe/Lieber… ! Es fällt mir schwer, meine Gefühle in Worte zu bringen. Traurig bin ich, traurig, dass ich mich nicht verabschieden konnte von…Traurig, nicht bei dir sein zu können. So nehme ich in Gedanken still deine Hände. Deine/Dein…

- Liebe/Lieber… ! Nun hat sich das Lebensbuch von deiner/deinem… geschlossen. Voller Dankbarkeit denke ich an ihn/sie zurück und an die vielen gemeinsamen Erlebnisse und Stunden. Gern denke ich an seine/ihre Art… Was habe ich alles von ihr/ihm gelernt. Aber ich bin auch traurig, denn sie/er war für mich als Mensch einmalig. Niemand wird sie/ihn ersetzen können. Von tiefstem Herzen wünsche ich dir in dieser Zeit des Abschieds und der Trauer, dass du gehalten und getragen sein mögest.

- Sehr geehrte, liebe… ! Mit großer Betroffenheit haben wir vom Tod Ihrer… gehört/gelesen. Leider können wir Sie nicht am Tag des Abschiedes begleiten, werden aber in unseren Gedanken bei Ihnen und Ihren Lieben sein. Wir haben Ihre… sehr geschätzt. Ihre liebevolle und verständnisvolle Art, Ihre… haben unser Dasein bereichert und heller gemacht. Mögen Sie in der dunklen Stunde des Abschiedes Trost erfahren und jeden Tag ein Licht Ihnen leuchten. Leise reichen wir Ihnen die Hände.

- Liebe/Lieber… ! plötzlich scheint alles still zu stehen. Die Nachricht vom Heimgehen Ihres/Deines… ist unfassbar. Viele gemeinsame Stunden beginnen sich in mir wie ein Film zu bewegen. Ich fühle mich wie gelähmt. So habe ich eine Kerze angezündet, für Dich und Deine Lieben – sitze vor ihr und bete für Dich, dass Du jetzt aufgefangen bist, im Schoß Eurer Familie und das der Dunkelheit das Licht wieder folgen wird. Tieftraurig – Dein/e…

- Es ist, als ob man im Garten seiner Familie den schützenden Baum verliert…

- Liebe/Lieber… ! Heute gehen meine Gedanken besonders zu Ihnen. Die Nachricht vom Heimgehen Ihrer lieben Mutter/Vaters hat mich still werden lassen. Es ist, als ob man im Garten seiner Familie den schützenden Baum verliert. Der stark verwurzelt Schatten spendete, unter dessen Blätterdach man Schutz finden konnte und Kraft schöpfen. Der Ort, an dem man manches Geheimnis gut aufgehoben wusste und der immer verlässlich für einen da war, egal ob Tag oder Nacht. Mögen Sie in dieser wehen, leisen Zeit getragen und bewahrt bleiben. Ihr/e…

Verse aus der Bibel

Es ist angebracht, nur bekannte Verse der Heiligen Schrift zu wählen. Unten stehen fünf Beispiele (nach der Lutherbibel von 1912), aus denen auch nur Teile zitiert werden können. Auf der persönlichen Trauerkarte muss nicht unbedingt die förmliche Textangabe (z.B. Römer 14, Vers 8) angefügt werden, wie hier im Buch.

Leben wir, so leben wir dem HERRN; sterben wir, so sterben wir dem HERRN. Darum, wir leben oder sterben, so sind wir des HERRN. Denn dazu ist Christus auch gestorben und auferstanden und wieder lebendig geworden, dass er über Tote und Lebendige HERR sei. *Römer 14, Vers 8*

Der gute Hirte

Der HERR ist mein Hirte; mir wird nichts mangeln. Er weidet mich auf grüner Aue und führet mich zum frischen Wasser. Er erquicket meine Seele; er führet mich auf rechter Straße um seines Namens willen. Und ob ich schon wanderte im finstern Tal, fürchte ich kein Unglück; denn du bist bei mir, dein Stecken und dein Stab trösten mich. Du bereitest vor mir einen Tisch im Angesicht meiner Feinde. Du salbest mein Haupt mit Öl und schenkest mir voll ein. Gutes und Barmherzigkeit werden mir folgen mein Leben lang, und ich werde bleiben im Hause des HERRN immerdar. *Psalm 23*

Fürchte dich nicht, denn ich habe dich erlöst; ich habe dich bei deinem Namen gerufen; du bist mein! *Jesaja 43, Vers 1*

Und Gott wird abwischen alle Tränen von ihren Augen, und der Tod wird nicht mehr sein, noch Leid noch Geschrei noch Schmerz wird mehr sein; denn das Erste ist vergangen.
Offenbarung 21, 4

Worte von Dichtern

Auf Trauerkarten müssen nicht immer die Verse eines Gedichtes komplett zitiert werden, mitunter genügen schon zwei Zeilen. Zum Beispiel folgende Verse aus dem Gedicht „Man sieht Blumen welken" von Johann Wolfgang von Goethe:

Meine Vorschläge sind in der folgenden kleinen Verssammlung kursiv gekennzeichnet:

Das Leben gehört den Lebendigen an,
und wer lebt, muss auf Wechsel gefasst sein.

Man sieht die Blumen welken

Man sieht die Blumen welken
und die Blätter fallen,
aber man sieht auch Früchte reifen
und neue Knospen keimen.

Das Leben gehört den Lebendigen an,
und wer lebt, muss auf Wechsel gefasst sein.

Die Blätter fallen

Die Blätter fallen, fallen wie von weit,
als welkten in den Himmeln ferne Gärten;
sie fallen mit verneinender Gebärde.
Und in den Nächten fällt die schwere Erde
aus allen Sternen in die Einsamkeit.

Wir alle fallen. Diese Hand da fällt.
Und sieh dir andre an: Es ist in allen.

Und doch ist Einer, welcher dieses Fallen unendlich sanft in seinen
Händen hält.

Rainer Maria Rilke

„Die Gabe Engeln zu begegnen!"

Einige Menschen haben die Gabe, Engeln zu begegnen!
Andere Menschen haben die Kraft,
diese Engel wieder gehen zu lassen!
Ihr seid ganz besondere Menschen:
Ihr hattet die Gabe und die Kraft
und Euer Engel bleibt für immer in Euren Herzen!

Arthur Schopenhauer

Treue

Wie dem Wanderer in Träumen,
Daß er still im Schlafe weint,
Zwischen goldnen Wolkensäumen
Seine Heimat wohl erscheint:

So durch dieses Frühlings Blühen
Über Berg' und Täler tief,
Sah ich oft dein Bild noch ziehen,
Als ob's mich von hinnen rief;

Und mit wunderbaren Wellen
Wie im Traume, halbbewußt,
Gehen ew'ge Liederquellen
Mir verwirrend durch die Brust.

Joseph von Eichendorff

„Schlussstück"

Der Tod ist groß,
Wir sind die Seinen
lachenden Munds.
Wenn wir uns mitten im Leben meinen,
wagt er zu weinen
mitten in uns.

Rainer Maria Rilke

„Wandrers Nachtlied"

Der du von dem Himmel bist,
Alles Leid und Schmerzen stillest,
Den, der doppelt elend ist,
Doppelt mit Erquickung füllest;
Ach, ich bin des Treibens müde!
Was soll all der Schmerz und Lust?
Süßer Friede,
Komm, ach komm in meine Brust!

Eines Morgens wachst Du nicht mehr auf.
Die Vögel singen, wie sie gestern sangen.
Nichts ändert diesen neuen Tagesablauf.
Nur Du bist fortgegangen.
Du bist nun frei und unsere Tränen wünschen Dir Glück.

Johann Wolfgang von Goethe

Totenopfer

Gewalt'ges Morgenrot,
Weit unermeßlich – du verzehrst die Erde!
Und in dem Schweigen nur der Flug der Seelen,
Die säuselnd heimziehn durch die stille Luft. –

Joseph von Eichendorff

Wie wenn das Leben wär nichts andres

Wie wenn das Leben wär nichts andres
als das Verbrennen eines Lichts!
Verloren geht kein einzig Teilchen,
jedoch wir selber gehn ins Nichts!
Denn was wir Leib und Seele nennen,
so fest in eins gestaltet kaum,
es löst sich auf in tausend Teilchen
und wimmelt durch den öden Raum.
Es waltet stets dasselbe Leben,
Natur geht ihren ewgen Lauf;
in tausend neu erschaffnen Wesen,
stehn diese tausend Teilchen auf.
Das Wesen aber ist verloren,
das nur durch diesen Bund bestand,
wenn nicht der Zufall die verstaubten
aufs Neue zu einem Sein verband.

Theodor Storm

Wem ein Geliebtes stirbt

Wem ein Geliebtes stirbt, dem ist es wie ein Traum,
Die ersten Tage kommt er zu sich selber kaum.
Wie er's ertragen soll, kann er sich selbst nicht fragen;
Und wenn er sich besinnt, so hat er's schon ertragen.

Friedrich Rückert

In der Fremde

Ich hör' die Bächlein rauschen
Im Walde her und hin,
Im Walde in dem Rauschen
Ich weiß nicht, wo ich bin.

Die Nachtigallen schlagen
Hier in der Einsamkeit,
Als wollten sie was sagen
Von der alten, schönen Zeit.

Die Mondesschimmer fliegen,
Als seh' ich unter mir
Das Schloss im Tale liegen,
Und ist doch so weit von hier!
Als müsste in dem Garten,
Voll Rosen weiß und rot,
Meine Liebste auf mich warten,
Und ist doch lange tot.

Joseph von Eichendorff

Trost

Tröste dich, die Stunden eilen,
Und was all dich drücken mag,
Auch das Schlimmste kann nicht weilen,
Und es kommt ein andrer Tag.
In dem ew'gen Kommen, Schwinden,
Wie der Schmerz liegt auch das Glück,
Und auch heitre Bilder finden
Ihren Weg zu dir zurück.

Harre, hoffe. Nicht vergebens
Zählest du der Stunden Schlag,
Wechsel ist das Los des Lebens,
Und – es kommt ein andrer Tag.

Theodor Fontane

Tod eines Kindes – Zwei Gedichte

Auf den Tod eines Kindes

Du kamst, Du gingst mit leiser Spur,
Ein flücht'ger Gast im Erdenland;
Woher? Wohin? Wir wissen nur:
Aus Gottes Hand in Gottes Hand.

Ludwig Uhland

Schlaf wohl mein süßes Kind!

Dort ist so tiefer Schatten,
Du schläfst in guter Ruh,
Es deckt mit grünen Matten
Der liebe Gott dich zu.

Die alten Weiden neigen
Sich auf dein Bett herein,
Die Vöglein in den Zweigen
Sie singen treu dich ein.

Und wie in goldnen Träumen
Geht linder Frühlingswind
Rings in den stillen Bäumen –
Schlaf wohl mein süßes Kind!

Joseph von Eichendorff

Übliche Gebete

Das Vaterunser

Vater unser im Himmel, geheiligt werde dein Name.
Dein Reich komme.
Dein Wille geschehe, wie im Himmel, so auf Erden.
Unser tägliches Brot gib uns heute. Und vergib uns unsere
Schuld, wie auch wir vergeben unsern Schuldigern.
Und führe uns nicht in Versuchung, sondern erlöse uns von dem
Bösen.
Denn Dein ist das Reich und die Kraft und die Herrlichkeit in
Ewigkeit.
Amen.

Ave Maria

Gegrüßet seist du, Maria, voll der Gnade,
der Herr ist mit dir.
Du bist gebenedeit unter den Frauen,
und gebenedeit ist die Frucht deines Leibes, Jesus.
Heilige Maria, Mutter Gottes,
bitte für uns Sünder
jetzt und in der Stunde unseres Todes.
Amen.

Ohne Konfession?

In erster Linie steht unser Brauchtum auf den Friedhöfen in einer alten, christlichen Tradition. Doch wie ich es schon im Kapitel „Begräbnisfeier und Beerdigungen" erwähnte, sehe ich all diese Dinge, welche um ein Begräbnis herum geschehen, nur vordergründig als religiös an. Es mag mir widersprochen werden, doch Begräbnisse sind nach meiner Auffassung Begebenheiten sehr menschlicher Natur: Plötzlich finden sich an einem Ort Menschen aus verschiedensten Schichten und Geschichten zusammen. Gewohnte Verhältnisse ändern sich für kurze Zeit. Gesellschaftliche Rangunterschiede heben sich auf, denn vor dem Tod sind alle gleich. In diesem Bewusstsein und Gefühl begegnen sich die Beteiligten auf dem Friedhof, manchmal unerwartet, so doch immer auf gleicher Ebene. In dieser Situation ist jedermann im Innersten nur Mensch und nicht vordergründig Gläubiger, Agnostiker oder Atheist. Wer öfter auf einem Begräbnis war, der weiß, wovon ich rede. In solchen Situationen braucht niemand seine Lebenseinstellung zu kaschieren oder hervorzuheben. Die Trauenden wollen persönlichen Beistand – also einfach nur, dass man da ist. Unnötige Worte oder ideologische Bekundungen sind störend. Einfache und ungeheuchelte Anteilnahme ist die Sprache, mit der auf dem Friedhof gesprochen wird.

Wenn Sie eine Trauerkarte schreiben oder Angehörige ansprechen müssen, dann schreiben oder sprechen Sie sinngemäß: „Mir fällt es schwer in dieser Situation tröstende Worte zu finden, doch ich will Ihnen/Euch jetzt ein Wegbegleiter sein." Die ganze Beerdigungszeremonie ist nichts anderes als Wegbegleitung, sei es für den Verstorbenen oder für seine Angehörigen. In diesem Sinne gehe man mit ans Grab, achte mit Respekt das religiöse oder weltliche Ritual anderer Menschen und warte mit Würde deren Andacht ab. Nutze beim Gang zum Grab die kurze Zeit, um an die gemeinsamen Erlebnisse mit dem Verstorbenen zu denken. Egal, ob diese gut oder schlecht waren, entlässt man den Toten mit dieser letzten Feierstunde aus der Welt der Lebenden. Bis hierhin hat man ihn auf seiner Wanderung begleitet und von dieser Stunde an beginnt etwas Neues.

Quellen

Ich, Thomas Jacob, der Autor dieses Buches, arbeitete selbst 23 Jahre lang als Friedhofsverwalter auf drei verschiedenen Friedhöfen und habe den Erfahrungsschatz aus dieser Zeit hier zusammengefasst.

Das Fotomaterial gehört dem Autor.

Die Textvorlagen für Trauerkarten stellte M.G. zur Verfügung.

Die Gedichte entstammen den Werken jener Klassiker, deren Werke heute gemeinfrei sind. Die Bibelstellen wurden der Lutherbibel von 1912 entnommen.

Gebete, in mündlicher Überlieferung, wie sie in der christlichen Tradition heute üblich sind.

Hinweise zur Bestattungspflicht sind bei Wikipedia zu finden:

http://de.wikipedia.org/wiki/Bestattungspflicht

Hinweise und Rechtliches

eBook-Version Nr. 7

Das Werk einschließlich aller seiner Teile ist urheberrechtlich geschützt.

Die Hinweise in diesem Buch beziehen sich vorzugsweise auf die rechtlichen Regelungen und Gepflogenheiten in Deutschland.

Formell wird im Ratgeber oft von „Beerdigung" gesprochen, was aber ebenso auch auf Trauerfeiern und Urnenbeisetzungen zutrifft.